猫の集会

きもだめし

ムラサキカガミ

赤い目

おまえに

やられたんだ！

マスク

洗面器

そこ、わたしの席

ドッペルゲンガー

高熱

水

金しばり

JN173491

みたい！しりたい！しらべたい！
日本の都市伝説絵図鑑

② まちなかの都市伝説

監修 **常光 徹**　絵 **中谷 靖彦**

ミネルヴァ書房

身近な都市伝説

常光 徹

家のなかの話
―鏡―

　最も身近な生活の場である家のなかにも、怪談やふしぎな話が伝えられています。だれもが使用する日常の道具が怪異の材料として登場します。鏡もそのひとつです。鏡は早くから信仰の対象として用いられてきました。姿や形をうつすという機能が、民話や民間信仰のなかで豊かなイメージをふくらませながら、伝承されてきたのです。都市伝説の世界でも例外ではありません。

　「ムラサキカガミ（→8ページ）」のうわさは、おもに小中学生のあいだで話題になりました。1992年3月9日発行の『DIME』という雑誌には「小学生に大流行の『ムラサキ鏡を見ると死ぬ』」との記事があります。1996年2月8日付の読売新聞もこのうわさを取りあげ、読者からの投稿や体験をもとに「どうやら、うわさは17年前ごろに誕生したようだ」と推測しています。不吉なことは早く忘れたい。しかし、忘れようと意識すればするほど、かえって忘れられなくなる。このうわさはそう

◀読売新聞（1996年2月8日夕刊）

▲鏡は現実の世界と、わたしたちがしらないもうひとつの世界をむすぶ境界であると考える人も少なくない。

した心理に忍びこんで感染していきます。

鏡は、ときとして、非日常的な世界をうつしだすなど、この世と異空間をつなぐ媒介としての性格がみられます。三面鏡に死ぬときの顔があらわれるというのは、奇妙な現象ですが、非日常的な世界を多面的に表現する鏡の性格の一面です。

夜中の2時に、刃物をくわえて水をはった洗面器をのぞくと、未来の結婚相手の顔がうかびあがるという話（→12ページ）も広くしられています。イギリスには「夏至の日の真夜中に、裏庭の真ん中に泉の水を入れたバケツを置き、夜中の12時ちょうどにのぞきこむと、結婚相手の顔がうつる」との俗信があるといいます。これらの話は、最後に「おまえにやられたんだ！」と大声をだして聞き手をびっくりさせる点にも特徴があります。

まちのなかの話
―夢と現実―

日ごろ慣れしたしんだまちのなかの空間にも、都市伝説はいくつもあります。夢は鏡にも似て、人間が超自然的世界や未来と接触する回路でした。夢と現実が混在したような「夢とちがうじゃないかよ（→15ページ）」には、奇妙なリアリティが漂っています。夢のなかに登場した人物が、まちのなかで現実にあらわれます。しかも夢の出来事そっくりに展開し、最後の場面で夢と現実がずれて危機を免れます。

民話研究者の渡辺節子はこのうわさの構成について、つぎの4つにまとめています。
①夢のなかで男に殺されそうになる。
②目がさめたのち、夢とおなじ状況に陥る。
③夢とおなじだと気づき、危機を脱する。
④最後に男が「夢とちがう」というひと言をつぶやく。

この話は、テレビ朝日の「夏の不思議ミステリー　本当にあった怖い話」（1992年）に寄せられた手記のうち、放送されなかった分をまとめて出版した『本当にあった怖

い話』(二見書房、1992年)のなかにある「夢か現実か」に類似した話がでており、渡辺によれば、メディアが増幅した話のひとつではないかといいます(『走るお婆さん―日本の現代伝説』白水社、1996年)。

まちのなかでみかける動物のなかでも猫にまつわる話は多くあります。猫は人間と生活の場を共有する親しい動物ですが、つねに人間とは距離をおいている面があります。それだけ野生の部分を色濃く残しているといってよいでしょう。この動物は、いとも簡単に日常世界を抜けでて、闇の世界を徘徊します。民話のなかにも「猫の秘密」のように、猫が踊ったり人間の言葉をしゃべるといった怪異をテーマにした話が少なくありません。「猫の集会」や「猫の会議」と呼ばれる話(→14ページ)には、猫特有の習性や執念深いというイメージが背景にあると思われます。

死やあの世にまつわる話
―霊魂と小動物―

人間の肉体には、生命を司る霊魂が宿っていると信じられてきました。霊魂は、死の前後や睡眠中などに、からだから抜けでて火の玉の姿となって浮遊すると考えられてきたのです。柳田國男の『遠野物語拾遺』には、町役場に勤める某が土間に入ってきた火の玉をほうきでおいまわしているとき、伯父の危篤のしらせが届き、急いで

▲日本の民俗学の確立に尽力した柳田國男(1875～1962年)。
(写真提供:成城大学民俗学研究所)

▶遠野の昔ながらの山里を再現した遠野ふるさと村(岩手県遠野市)。『遠野物語』は遠野の出身である佐々木喜善が語った遠野の話をもとに、柳田國男が書いた作品。1910年(明治43年)に出版され、その後『遠野物語拾遺』をつけくわえ『遠野物語増補版』として再版された。

駆けつけると、伯父が薄目を開けて「今こいつの家に行ったら、ほうきで俺をおいまわした」といったという話が紹介されています。霊魂は火の玉のほかにも、虫や小動物などの姿であらわれる場合があります。おばあさんの死をあらかじめしっていたという21ページの話は、霊魂が蛾の姿となってやってきたことを物語っています。沖縄県国頭郡では「夜に蝶が屋内を飛びまわると不吉、後生（あの世）の人がそこに来ている」といい、神奈川県横須賀市にも「蝶が舞いこむと魂が帰ったという」との俗信があります。「人がなくなるとき、庭の花などが異常にさきみだれる」という話もときどき耳にします。高知県では「作物が例年になく異常な豊作になると近いうちに不幸がある」といい、これを「別れ作」とよんでいます。

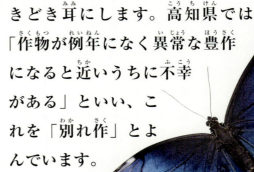

機器にまつわる話
―異界と接触―

わたしたちの日常生活に深く入りこんでいる電子機器にまつわる話も多くあります。パソコンに娘とおなじ名前をつけたところ、娘がねこむとパソコンの調子が悪くなり、娘が元気になると正常に動きはじめたというのは、よく聞く話です（→26ページ）。パソコンをつかっている人が、「そろそろ買いかえよう」といったとたん起動できなくなり、思いなおして、「頑張ってつかうことにしよう」といったら、すぐに動いたといいます。パソコンに名前をつけ、まるで子どものようにかわいがる機器との一体感がこうしたうわさをうむのでしょう。

26～27ページの話では、きもだめしで空き家に入った際に録音したボイスレコーダーを再生すると、自分たち以外の何者かの声が入っていたといいます。海でおぼれ死んだ人物のそばにたくさんの手がうつっていた写真（→27ページ）もそうですが、これらは、現代の機器が通常では見聞きすることのできない怪しい声や姿を記録していた話です。都市伝説のなかのボイスレコーダーやカメラは、異界との接触を可能にする手段としての意味をおびています。

洪水のように押しよせてくる新製品は、その存在のむこう側にある「みえない」「わからない」領域を家庭や職場に持ちこみます。一時、電磁波は危険という話が広まり、電子レンジのおき場所を移動する人などもいました。実際には安全基準にそった構造になっていて電磁波もれが生じることはないといわれていますが、使用者には判断がつきません。それに、電磁波そのものがよく理解されていません。人体への影響となると、うわさを手がかりにあれこれ想像するぐらいでしょう。この種のうわさは「ひょっとしたら」「あるいは」と思ってしまう不安な心理に感染していくのです。

もくじ

身近な都市伝説 常光 徹	2
家のなかの話	8
まちのなかの話	14
死やあの世にまつわる話	20
機器にまつわる話	24
コラム 外国の都市伝説	18
コラム 心霊写真がとれてしまう理由	28
全巻さくいん	30

図鑑の見方

この本では、身近な場所でおこった都市伝説について紹介しています。

見出し
都市伝説がおこった場所などをしめしています。

都市伝説
さまざまな場所でおこったこわい話や不思議な話を紹介しています。

イラスト
それぞれの話のイメージを絵であらわしています。

コラムページ
よりくわしい内容や関連する事がらを紹介しています。

家のなかの話

家のなかは、ほっとできる場所です。しかし、そこは本当に安心できる空間でしょうか？　家のなかに危険がひそんでいたという話はいくつもあります。

　ある女の子が、ふといたずらで、大切にしていた手鏡の表面を絵の具でむらさき色にぬった。しかしその後、女の子が鏡をいくらふいても、むらさき色は落ちなくなってしまった。女の子は自分のしたことを後悔しつづけ、20さいになったときに、「ムラサキカガミ、ムラサキカガミ……」とつぶやきながら、病気で死んでしまった。それ以来少女の念が「ムラサキカガミ」という言葉にのりうつり、20さいになるまでこの言葉を覚えていると、のろわれてしまうという。

あ る女の子が、ねているときにふと目が
さめた。足もとでボソボソと声がする
のでみてみると、ぼんやりとしたかたまりが
ふたつ、なにかを話している。どうやら男の
人のようだ。それからというもの、女の子は
毎日夜中に男の人たちをみるようになった。
声は日に日にはっきりしてきて、どうやら自
分をつれていく相談をしているらしいとわ
かった。こわくなった女の子が母親に相談す
ると、母親は近くの神社からお守りをもらっ
てきてくれた。女の子は、お守りを枕もとに
おいて、ねむりについた。
　その日の夜中、また声がした。「もうそろ
そろつれていく時期だ」「いや、だめだ。お
守りの力が強すぎて……」その日をさかい
に、男の人たちはあらわれなくなった。

ある姉妹が、夜に妹の部屋でおしゃべりをしていた。すると、姉がとつぜん、
「のどがかわいたから、コンビニに行きたい」
といいだした。
「めんどうくさいから、ひとりで行ってきて」
としぶる妹に、姉はしつこく
「いっしょに行こう」
という。しかたなく、ふたりいっしょにコンビニに行くことになった。
コンビニにつくと、姉は警察に電話をしはじめた。姉は、部屋にあった鏡で、妹がすわっていたベッドの下に、男の人がいるのをみたのだ。

受験生が夜中に勉強をしていると、トントンとまどをたたく音がする。カーテンをあけてみるとおじさんが立っていて、
「たばこ屋はどっち？」
ときくので行き方を教えてあげた。おじさんは、
「ありがとう」
といってさっていった。
受験生はカーテンをしめ、ふたたび勉強をはじめたが、ふとあることに気がついてぞっとした。受験生の部屋は２階にあったのだ。

急にとっぴょうしもないことをやりはじめるので、まわりの人から変わった子だと思われている小学生の男の子がいた。

ある日、男の子が急に学校を早退してきた。家へ帰るなり、風呂場へ行ってバケツに水をくみ、それを持って必死の顔つきで階段をかけあがり、自分の部屋にバシャバシャと水をまきはじめた。おどろいた母親が、「なにをしてるの」ときいたが、男の子は返事もせず、大声でなきだした。

その日の夕方、男の子のとなりの家が火事になった。

夜中の2時に、刃物を口にくわえて水をはった洗面器をのぞくと、未来の結婚相手の顔がうつるという。ある女の子が試したら、本当に人の顔のような形が、ぼうっとうかびあがってきた。おどろいた女の子は、思わずくわえていた刃物を洗面器のなかに落としてしまった。すると、どんどん水が赤くなっていくので、女の子はこわくなってそのまま自分の部屋にもどった。

それから10年後、女の子は美しい女性に成長し、お見合いをした。相手の男の人は大きなマスクをつけていて、顔がよくわからない。
「よろしければマスクをとっていただけませんか？」
マスクをとった男の人の顔には、大きなきずあとがあった。どうしたのかたずねると、男の人は大声でいった。

「おまえにやられたんだ！」

男の子が、大学進学のためにひとりぐらしをすることになった。引っこし後しばらくして、アパートの部屋のかべに小さなあながあいていることに気づいた。のぞいてみると、ぼんやりと赤いものがみえるが、それがなにかはよくわからない。男の子は、このあなはとなりの部屋につづいていて、そこになにか赤いものがおいてあるのだろうと思った。それからときどきのぞいてみたが、やはりいつも赤いものしかみえなかった。

ある日、そのアパートの大家さんにあったので、男の子はきいてみた。
「ぼくのとなりの部屋にはどういう人が住んでいるんですか？」
大家さんは、
「ああ、女の人が住んでいるよ。目が赤く充血してずっと病院に通っているらしいよ」
と答えた。となりの人は、男の子の部屋をずっとのぞきみしていたのだろうか。

三面鏡は、左右のとびらを半分とじた状態でのぞきこむと、鏡どうしが反射しあうためにたくさんの顔がうつる。夜中の12時ちょうどにそれをおこなうと、そのなかのひとつに自分の死ぬときの顔がうつるという。うつった顔をみているので目はあいているはずなのに、その顔だけ目をとじていることもある。

まちのなかの話

世のなかには、わたしたちにはわからないこと、説明できないことがたくさんあります。まちのさまざまな場所を舞台にした都市伝説を紹介します。

猫は、あき地や駐車場、公園、神社の境内などに集まることがある。それぞれが少しはなれたところで、毛づくろいをしたりねむったりするだけで、数時間後には自分のなわばりに帰ってしまう。これは「猫の集会」や「猫の会議」とよばれている。

あたたかい日の昼下がり、女の人が歩いていると、駐車場で猫の集会がひらかれていた。女の人は、本当に猫の集会ってあるんだと思い、思わずクスッと笑ってしまった。すると、そこにいた猫たちがいっせいに女の人をギロッとにらんだ。

それから、女の人の家では、花を植えたプランターにふんをされたり、ゴミぶくろをやぶられたりといった被害にあった。猫たちが、集会を笑われたので、しかえしをしたらしい。

高校生の男の子が、1週間つづけておなじ夢をみた。学校におそくまで残っていて、ひとりで帰ろうとすると、校門のところに男の人が立っている。家へむかって歩いていくと、男の人はあとをつけてくる。こわくなって母親に電話し、
「むかえにきて」
というと、
「もう高校生なんだからひとりで帰ってきなさい」
といわれてしまう。
　しかたなくひとりで帰るが、とちゅうでその男の人に殺されそうになり、はっと目がさめるのだ。

　ある日、用事があって本当に帰りがおそくなってしまった。学校をでようとすると、夢とおなじように校門に男の人が立っていて、やはりあとをつけてくる。男の子は夢とおなじところで母親に電話をした。夢とおなじことをいわれるが、男の子はどうしてもむかえにきてほしいとしつこくたのんだ。
「しかたないわね」
　むかえにきてくれた母親の車に、男の子はほっとしてのりこんだ。そのとき、あとをつけてきた男の人が車の前にきていった。
「夢とちがうじゃないかよ」

親しい友だちのAさんが入院したので、Bさんがおみまいに行った。その帰り、よくおとずれる喫茶店によった。なにげなく、いすにすわろうとすると、いつのまにきたのか、入院しているはずのAさんが立っている。
「そこ、わたしの席よ」
ふたりでその喫茶店にくるときは、なんとなくおたがいのすわる場所が決まっている。そのときBさんがすわろうとしていたのは、いつもはAさんがすわる席だった。そこで、
「ごめん」
といって席を立ったら、Aさんはいなくなっていた。あとできいてみると、Aさんはそのとき病院のベッドでねていて、外出していないということだった。自分とそっくりの姿をした分身を「ドッペルゲンガー」というが、それかもしれない。

ある人が海に行って、岩場で遊んでいてころび、ひざにけがをした。大きなけがではなかったので、かんたんに手当をしただけでほうっておいた。ところが、いたみはどんどんひどくなり、ひざがはれてきた。病院に行ってみてもらうと、ひざのお皿の裏にフジツボがびっしりとはりついていた。

幽霊がでるといううわさのある場所へ、A、B、Cという男の人3人が、車ででかけていった。しかし、幽霊はでてこない。あきらめて帰ろうと車にのりこんだが、運転席にすわったAはなかなか車を発進させない。ふしぎに思ってせかすと、Aは、
「おれたち、友だちだよな？」
とたずねる。
「あたりまえじゃないか」
「じゃあ、なにがあっても助けてくれる？ 助けてくれるよな？」

Aが何回もきくので、BもCも「もちろん」と答えた。
「じゃあ、おれの足もとをみてくれる？」
ふたりでAの足もとをのぞきこむと、白い手がAの足をガッとつかんでいた。BとCはこわくなって、ワーッとさけんで車から飛びだして逃げてしまった。
その後、やはり助けなくてはいけないと思って引きかえしたが、車はなくなり、Aの姿もなかった。それきり、車もAもゆくえ不明だという。

外国の都市伝説

外国にも日本とおなじ都市伝説？

アメリカの民俗学者ジャン・ハロルド・ブルンヴァンは、「友だちの友だちが体験した」「本当におこったらしい」といったうわさ話をたくさん集め、「アーバン・レジェンド」（都市の伝説）と名づけて出版しました。ブルンヴァンによって、「都市伝説」という言葉が広くしられるようになっていきました。

おもしろいことに、国がちがっても似たような都市伝説が伝わっていることもあります。うわさ話というのは、人から人へと語り伝えられていくうちに、少しずつ形を変えていくものです。どこかでみたり、聞いたりした外国の都市伝説が、いつのまにか日本でおこった話となって伝わっていったとも考えられます。日本にも似たような話がある、アメリカやヨーロッパの都市伝説を紹介します。

黒いおでき

休暇でアフリカに行ってきた女の人が、虫にさされた。傷ははじめ、小さなにきびになったが、そのうちに大きなみにくいおできになった。帰国をしても傷はなおらず、ますますひどくなるので、女の人は病院へ行った。医者が赤黒いおできを小さなメスで切ると、なかからたくさんの小さなくもがゾロゾロとはいでてきた。くもは、女の人の皮ふの下にたまごをうみつけたのだ。

髪の毛の玉

髪をみつあみにし、いつもその先をしゃぶっている女の子がいた。両親や先生にいくら注意されてもやめなかったのだが、ある日とつぜん死んでしまった。死んだ理由がわからないので、女の子のからだを検査すると、胃に大きな髪の毛の玉がつかえていたという。

ひったくられたもの

女の人が、犬のさんぽにでかけた。そのとき、犬のふんを始末するためのちょうどいいふくろがなかったので、高級ブランドの紙ぶくろを持ってでた。いつもの場所で犬がふんをしたので、女の人はそれを紙ぶくろにいれた。しばらくさんぽをして、家に帰ろうと歩いていたとき、後ろから猛スピードで走ってきたおばさんが紙ぶくろをひったくっていった。

外国ならではの都市伝説

反対に、日本ではあまりしられていませんが、外国では有名な都市伝説もあります。つぎの話は、昔からアメリカやヨーロッパで語りつづけられている、人気の高い都市伝説です。

メアリー・ワース

なかまどうしで暗い部屋に集まり、鏡をのぞきながら「わたし、本当にメアリー・ワースの存在を信じます」と決まった回数だけくりかえすと、鏡のなかにメアリー・ワースがあらわれる。メアリー・ワースはとなえた人の顔をひっかく。

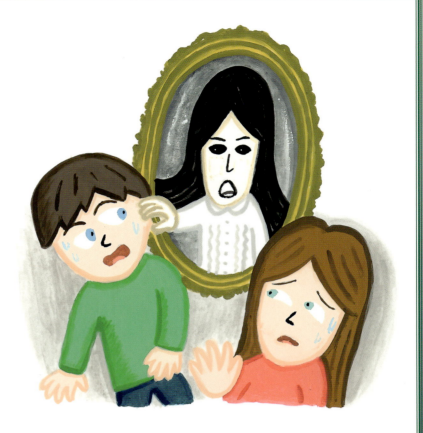

また、日本に対するイメージが都市伝説となって広まっている国もあります。

トルコに伝わる都市伝説

トルコでは、日本人は仕事熱心で手先が器用、そしてすぐれた科学技術を持っている人たちだと尊敬されている。まわりの人の服がすけてみえるめがねを日本人が開発したという話や、大木をそのまま小さく再現した盆栽をつくれることから、ミニチュアサイズの生きた人間や動物をつくることができるという話が、都市伝説として伝えられている。日本には小人の軍隊があって、国家機密になっているといううわさまである。

死やあの世にまつわる話

死ぬとどうなるか、生きている人間がしることはできません。しかし、身近な人の死を虫や小動物がしらせにきたり、死にかけたときにきれいな花畑をみたという話が語りつがれています。

ある夫婦が、どちらかが先に死んだら、四十九日の法事のときにお墓にきて鈴をならし、死者のたましいが本当にいることをしらせようと約束しあった。

やがて夫がなくなった。妻は、四十九日の法事でお墓のまわりに鈴をつないだひもをはり、おぼうさんや集まった親せきといっしょに待っていた。しばらくなにもおこらなかったが、みんなが帰ろうとすると、風がふいてもいないのに鈴がなった。

「あなたなの？」

と妻がいうと、鈴はものすごいいきおいでジャラジャラとなったという。

女の子が、ある日きゅうに高熱をだし、ひとりでねこんでいた。ふと、だれもいないはずの部屋のなかに人の気配を感じ、そのとたんに金しばりにあった。目だけは動いたので必死でまわりをみてみると、白い服を着たみしらぬ人が数人、その女の子をかこんでいる。そのなかのひとりが、

「きみもいっしょに行こう」

といって、女の子の手を引っぱった。そのとき、

あ る家のおばあさんが病気でなくなった。家族が親せきのおばさんにしらせると、そのおばさんは、すでにおばあさんがなくなったことをしっていた。おどろいて理由をたずねると、いままでみたことがないくらい大きな蛾がきたのだという。まどのところで羽をバタバタしていて、手でまどをたたいても、まどをあけておいはらっても逃げない。それどころか、部屋のなかに入ってきて、仏壇のところへ飛んでいくと、スーッと消えてしまったそうだ。おばあさんは、なくなる数分前、なぜかハアハアと息をきらしていたという。

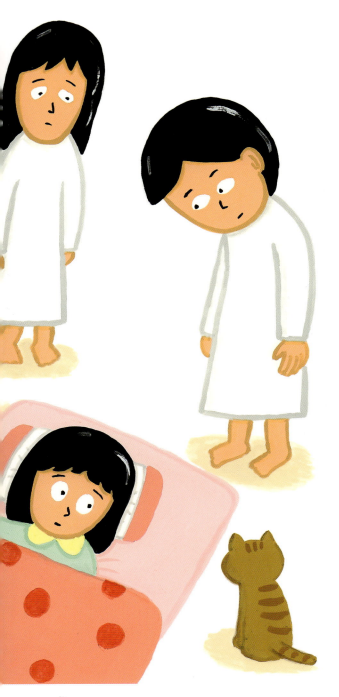

「行っちゃだめ」
と声がきこえたので、女の子は思わずそっちをみた。そこには、かっていた猫がすわっていた。
　数日後、女の子の熱は下がったが、なぜか猫は家から姿を消していた。犬や猫、小鳥などのペットは、かい主の身に危険があると身がわりになってくれるという。

女の人が、内臓の病気で入院していた。手術後、スーッと雲の上に運ばれて、フワフワと飛んでいく感じがしたという。そのうち、色とりどりのきれいな花がたくさんさいているところにおりた。むこうのほうには川が流れていて、そこに橋がかかっていた。わたらないでいると、橋のむこうに手がたくさんでてきて、おいでおいでと手まねきをする。そのなかに、女の人の親の顔があった。みると、親はこっちにくるなと手で合図をする。親がいうのだからと、やはり橋はわたらないでおこうと思っていると、そこで目がさめたそうだ。

ある家で、花を育てるのが趣味だった人がなくなった。するとその年、庭にあったさまざまな花が、もう枯れてしまうかと思うくらい盛大にさきみだれた。とくに大事にしていたシャコバサボテンは、その人が入院しているときはまったくさかなかったのに、なくなった当日、とつぜん満開になったという。

ある旅館に、女の人がひとりでとまった。その人はまったくしゃべらず、おかみさんは少し変に思ったがそっとしておいた。その人が旅館をでるとき、おかみさんは旅館の前まで見送りにでた。おじぎをして顔を上げると、遠くにみえる山にその女の人が立っているのがみえた。しかし、自分のそばにもやはりその女の人はいる。女の人はバスにのって帰っていったが、おかみさんはそれから1週間ねこんでしまった。ひとりで自殺しようとする人が、だれかひとりだけにはしってほしいと思い、心のやさしい人にしらせたのだという。

機器にまつわる話

便利な機器は、現代のわたしたちのくらしに不可欠なものですが、常識では説明のつかないふしぎな現象がおこることもあるといいます。

ある学校の先生が、夜おそくにひとりで仕事をしていた。コピーをとっているとき、とつぜん持病の発作をおこしてしまい、コピー機にうつぶせになった状態でなくなった。

つぎの日の朝、ほかの先生が出勤してきた。すると、なくなった先生の死に顔をうつしたコピーがえんえんとでつづけ、職員室いっぱいにちらばっていた。その先生のからだの一部が、コピー機のスタートボタンをおしてしまっていたのだ。

男の人の携帯電話に、友だちから電話がかかってきた。
「おっ、おれだよ。元気？　いま、なにしてるの？」
とくに重要な用事ではなく、世間話をして切ったが、そのあとでふと気がついた。いま電話をかけてきた友だちは、1年前に交通事故でなくなっていたのだ。その日は友だちの命日で、ちょうど電話がかかってきた時刻に事故にあったという。

ある女の子が、自分で怪談を考えて、インターネットの掲示板に書きこんだ。○○公園に行くといつも男の子がいて、「遊ぼうよ」という。「いいよ」というとのろわれるが、「いやだ」というと無事だという話だ。すると、そのうわさはまたたく間に広がり、女の子はとても満足した。

ある日の夕方、女の子はその公園を通った。すると、男の子がひとりでいる。女の子は自分のつくり話を思いだしたが、気にせず通りぬけようとした。そのとき、男の子が「遊ぼうよ」と話しかけてきた。まさかとは思ったが、あの話はうそなのだからだいじょうぶだと思い、軽い気持ちで「いいよ」と答えた。女の子はそれから数日、高熱をだしてねこんでしまったという。

あるところに、「Ａ」という表札がかかったままのあき家があった。そこに、若い数人のグループがきもだめしにおとずれた。彼らはボイスレコーダーを持っていて、録音しながら、ドアをノックして家に入った。
「おじゃましまーす」
部屋をみてまわったが、とくになにもおこらない。
「なにもないね」
「もう帰ろうか」
彼らはなにごともなくあき家をあとにした。そして、ボイスレコーダーを再生してみた。

ある人がパソコンを買ったとき、ちょうど自分の娘もおなじころにうまれた。その人はパソコンにも娘とおなじ名前をつけ、大切につかっていた。
それから数年後のある日のこと、娘が高熱をだしてねこんでしまった。するとそのとたん、パソコンも調子が悪くなってしまった。修理にださなければと思ったが、娘の看病にいそがしく、そのままにしていた。数日後、娘は熱も下がって元気をとりもどした。ほっとして、さあパソコンを修理にだそうと思い、ちょっと動かしてみた。すると、パソコンは正常に動きはじめたという。

26

──おじゃましまーす。
──はい、どうぞ……。
　なんと、自分たちの声のあとに、女の人の声が入っているではないか。
──なにもないね。
──そんなことありませんよ。
──もう帰ろうか。
──**まて、こら！**
　これをきいた彼らは、あわてて家に帰った。そのうちのひとりが家につくと、母親がいった。
「Aさんという人から、電話がきたよ。『**もどってこい！**』だって」

なん人かで海へ行ったときのこと。ひとりが、「ちょっと泳いでくる」といって海に入っていった。沖のほうから浜にむかって手をふっているので、いっしょに行った人が笑いながら写真をとった。ところが、そのうちに泳いでいた人の姿がみえなくなってしまって、その人はおぼれて死んでしまった。
　しばらくして、そのときとった写真をみてみると、その人のそばでは、海のなかからたくさんの手がでていた。

心霊写真がとれてしまう理由

心霊写真はカメラのせい？

　こわい話となると欠かせないもののひとつが、心霊写真です。事故や事件があったところや墓地などで写真をとると、みょうなものがうつりこんだり、うつっているはずのものが消えてしまったりするというものです。こういった心霊写真がとれてしまうのは、本当に霊のしわざなのでしょうか？

　幸か不幸か、そのほとんどはカメラや撮影状況の不具合によるものだと考えられます。いまのようにデジタルカメラが普及する前は、フィルムに画像を焼きつけて撮影するフィルムカメラがつかわれていました。フィルムカメラでとった写真をみるには、フィルムを特殊な薬品で現像し、紙にプリントしなければなりません。つまり、その場で確認することができないので、失敗していてもわかりません。また、失敗した写真もフィルムに残ったままです。カメラ自体もいまのように高性能ではなかったため、さまざまな自動調節機能や手ぶれ補正機能などがありませんでした。つぎのような心霊写真は、撮影したときの不具合が原因だと思われます。

> からだがすけている。
> 手や足が多くみえる。

　写真は、ごくわずかな時間だけシャッターをひらき、そのあいだにとりこんだ光をフィルムに焼きつけることで撮影します。撮影場所が暗いと、撮影に必要な量の光をとりこむため、明るい場所とくらべると長いあいだシャッターをひらいていることになります。しかし、そのあいだに撮影しているもの（被写体）が動くと、その動きも焼きつけられてしまいます。暗い場所でフラッシュをたいて撮影しているときに、被写体が動いてしまったり、撮影している人が手ぶれをおこしてしまったりすると、このような写真がとれやすいようです。

▼フィルム（左）とフィルムカメラ。

▲デジタルカメラで撮影した画像を、右手が2本みえるように、コンピュータで加工した写真。

みょうな光や火の玉のようなものがうつっている。

フラッシュをつかった撮影をしているとき、ちりや雨つぶ、木の葉などが落ちてきた瞬間にシャッターをおしてしまうと、それらにフラッシュが反射してうつってしまいます。ピントを被写体にあわせていると、それより手前にあるものはぼやけてうつってしまうため、よくわからない怪しいものにみえてしまうようです。

また、カメラのレンズ内で光が反射して、一部が白っぽくなる「フレア」や、光がうつりこむ「ゴースト」という現象がおこったものとも考えられます。

いまでは、高性能のデジタルカメラが主流になり、撮影したときの不具合が少なくなったため、このような写真がとれることがあまりなくなってきました。また、撮影した画像を、コンピュータソフトをつかって加工することもできます。撮影できなくても、撮影後に人の顔をつけたしたり、からだの一部を消してみたり、あるいはたしてみたりできるのです。そして、それをみんながしっているので、心霊写真をみても、「画像加工ソフトでつくったのかな」と思われてしまうようになりました。1970年代から1990年代なかばにかけて、心霊番組・オカルト番組がさかんに放送され、心霊写真も多く取りあげられましたが、近年ではほとんどみられなくなりました。

人の脳がつくりだす錯覚

人がいなかったはずの場所に顔がうつっているようにみえる心霊写真も存在します。はっきりと顔だとわかるものは、ガラスの反射であったり、ポスターの顔の部分だけがみえていたりすることが多いようです。

木やかべなどにぼんやり顔がみえることもありますが、これも科学的に解明されています。人間の脳は、3つの点や線が逆三角形に配置されているものをみると、それを顔と認識してしまいます。これを「シミュラクラ現象」といいます。また、雲がくじらにみえたり、しみが虫にみえたりと、一度○○のようだと考えると、もうそれにしかみえないように感じられる現象のことを「パレイドリア効果」といいます。つまり、木の葉がしげっているところや岩のでこぼこに、3つの点をみつけると、それが顔にみえてしかたがなくなるというわけです。

▶▼まちなかの「顔にみえるもの」を集めた写真絵本。
佐々木マキ文・写真『まちには いろんな かおが いて』（福音館書店）

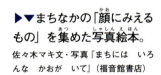

全巻さくいん

❶ 現代の妖怪と都市伝説
❷ まちなかの都市伝説
❸ 乗りものと都市伝説

あ行

足‥‥‥‥❶ p23、p26、❷ p17、p28、❸ p26
犬‥‥‥‥‥❶ p9、p10、p11、❷ p18、p21
インターネット‥‥‥‥‥‥‥‥‥‥❷ p25
ヴォジャノーイ‥‥‥‥‥‥‥‥‥‥❶ p19
牛女‥‥‥‥‥‥‥‥‥‥‥‥‥‥‥❶ p17
歌川国芳‥‥‥‥‥‥‥‥‥‥‥‥‥❶ p29
海‥‥‥‥❶ p18、❷ p16、p27、❸ p16、
　p17、p22、p23、p24、p26、p27
『絵本百物語』‥‥‥‥‥‥‥‥‥‥❶ p29
おでき‥‥‥‥‥‥‥‥‥‥‥‥‥‥❷ p18

か行

蛾‥‥‥‥‥‥‥‥‥‥‥‥‥‥‥‥❷ p21
鏡‥‥‥‥❶ p22、❷ p8、p10、p13、p19
火事‥‥‥‥‥‥‥‥‥‥‥‥‥‥‥❷ p11
カシマさん・カシマレイコ‥‥‥‥‥❶ p23
『画図百鬼夜行』‥‥‥‥‥‥‥‥‥❶ p29
金しばり‥‥‥‥‥‥‥‥‥‥‥‥‥❷ p20
かまいたち‥‥‥‥‥‥‥‥‥‥‥‥❶ p26
かまばば‥‥‥‥‥‥‥‥‥‥‥‥‥❶ p25
髪の毛（髪）‥‥‥‥‥❶ p9、p19、❷ p18、
　❸ p8、p25
河鍋暁斎‥‥‥‥‥‥‥‥‥‥‥‥‥❶ p29
きもだめし‥‥‥‥‥‥‥‥‥‥‥‥❷ p26
『暁斎百鬼画談』‥‥‥‥‥‥‥‥‥❶ p29
件‥‥‥‥‥‥‥‥‥‥‥‥‥‥‥‥❶ p11
口さけ女‥‥‥‥‥‥‥‥‥‥❶ p8、p9
首‥‥‥‥‥‥‥‥‥‥‥❶ p12、❸ p8、p24
首なしライダー‥‥‥‥‥‥‥‥‥‥❶ p12
車‥‥‥‥❶ p9、p10、p11、p12、p13、
　p14、p15、p16、p17、p19、p26、❷ p15、
　p17、❸ p8、p10、p11、p12、p13、p14、
　p15、p26、p28、p29
グレムリン‥‥‥‥‥‥‥‥‥‥‥‥❶ p19
けいたいばあさん‥‥‥‥‥‥‥‥‥❶ p25
高速道路‥‥‥‥‥❶ p10、p13、p14、p16
高熱‥‥‥‥‥‥‥‥‥‥❷ p20、p25、p26
声‥‥‥‥‥❷ p9、p27、❸ p10、p15、p26
コツコツばあさん‥‥‥‥‥‥‥‥‥❶ p13
コピー機‥‥‥‥‥‥‥‥‥‥‥‥‥❷ p24
ゴブリン‥‥‥‥‥‥‥‥‥‥‥‥‥❶ p19

さ行

ざしきわらし‥‥‥‥‥‥‥‥‥‥‥❶ p27
さとるくん‥‥‥‥‥‥‥‥‥‥‥‥❶ p21
三面鏡‥‥‥‥‥‥‥‥‥‥‥‥‥‥❷ p13
三輪車‥‥‥‥‥‥‥‥‥‥‥‥‥‥❸ p15
自転車‥‥‥‥‥‥‥‥‥‥‥‥❸ p8、p13
写真（心霊写真）‥‥‥‥❷ p27、p28、p29
ジャンピングばあさん‥‥‥‥‥‥‥❶ p15
新幹線‥‥‥‥‥‥‥‥‥❶ p9、❸ p18、p19
『新形三十六怪撰』‥‥‥‥‥‥‥‥❶ p29

人面犬・・・・・・・・・・・・・・・ ❶ p10、p11
スキップ少年・・・・・・・・・・・・ ❶ p17
すきま人間・・・・・・・・・・・・・ ❶ p26
鈴・・・・・・・・・・・・・・・・・ ❷ p20
セイレーン・・・・・・・・・・・・・ ❶ p18
洗面器・・・・・・・・・・・・・・・ ❷ p12
『相馬の古内裏』・・・・・・・・・・ ❶ p29

◆ た 行 ◆

ターボばあさん・・・・・・・・・・・ ❶ p13
タクシー・・・・・・・・・ ❶ p27、❸ p8、p9、p11
竹原春泉斎・・・・・・・・・・・・・ ❶ p29
ダッシュばあさん・・・・・・・・・・ ❶ p14
田中くん・田中さん・・・・・・・・・ ❶ p22
小さいおじさん・・・・・・・・・・・ ❶ p22
月岡芳年・・・・・・・・・・・・・・ ❶ p29
手・・・ ❶ p23、p26、❷ p17、p20、p22、p27、p28、❸ p8、p9、p14、p26、p28
手形・・・・・・・・・・・・・・・・ ❸ p11
電車・・・・・・・ ❶ p25、❸ p18、p19、p20、p21
電話（携帯電話）・・・・・・・・ ❶ p20、p21、p25、❷ p15、p25、p27、❸ p21
土佐光信・・・・・・・・・・・・・・ ❶ p28
ドッペルゲンガー・・・・・・・・・・ ❷ p16
鳥山石燕・・・・・・・・・・・・・・ ❶ p29
トンネル・・・・・・・・ ❶ p12、❸ p14、p15、p16、p17、p19

◆ な 行 ◆

荷物運びばあさん・・・・・・・・・・ ❶ p15
猫・・・・・・・・・・・・・・ ❷ p14、p21
のっぺらぼう・・・・・・・・・・・・ ❶ p27

◆ は 行 ◆

バイク・・・・・・・・・・ ❶ p12、p17、p22

橋・・・・・・・・・・・・・ ❷ p22、❸ p8
パソコン・・・・・・・・・・・・・・ ❷ p26
バックミラー・・・・・・・ ❶ p12、❸ p8、p9、p12
ババサレ・・・・・・・・・・・・・・ ❶ p24
ピアス・・・・・・・・・・・・・・・ ❶ p20
飛行機・・・・・・・・・・・ ❶ p19、❸ p29
ヒッチハイカー・・・・・・・・・・・ ❸ p28
『百鬼夜行絵巻』・・・・・・・・・・ ❶ p28、p29
100キロばあさん・・・・・・・・・・ ❶ p14
船・・・ ❶ p18、p19、❸ p22、p23、p24、p25、p26、p27
ふみきり・・・・・・・・ ❶ p23、❸ p18、p20、p21
フライングダッチマン・・・・・・・・ ❶ p19
ボイスレコーダー・・・・・・・・・・ ❷ p26

◆ ま 行 ◆

まど・・・・・・ ❶ p15、p24、p26、❷ p10、p21、❸ p11
マラソンおじさん・・・・・・・・・・ ❶ p16
まりつきじいさん・・・・・・・・・・ ❶ p16
水・・・・・・・・・・ ❶ p19、❷ p11、p12
水木しげる・・・・・・・・・・・・・ ❶ p29
耳かじり女・・・・・・・・・・・・・ ❶ p20
ムラサキカガミ・・・・・・・・・・・ ❷ p8
目・・・・・・・・・・ ❶ p20、p27、❷ p13
メアリー・ワース・・・・・・・・・・ ❷ p19
メリーさん・・・・・・・・・・ ❶ p20、p21

◆ や 行 ◆

山・・・・・・ ❷ p23、❸ p11、p16、p17、p20
Uターンじいさん・・・・・・・・・・ ❶ p16
幽霊（霊）・・・・・・ ❶ p11、❷ p17、p28、❸ p9、p14、p15、p16、p19、p22
幽霊船・・・・・・・・・・・ ❶ p19、❸ p22
夢・・・・・・・・・ ❶ p22、p23、❷ p15、❸ p23

■監修・序文（2〜6ページ）

常光　徹（つねみつ　とおる）

1948年高知県生まれ。國學院大學を卒業後、都内の中学校教員を経て、現在、国立歴史民俗博物館名誉教授。日本民俗学会、日本口承文芸学会会員。著書に『学校の怪談－口承文芸の展開と諸相』『しぐさの民俗学－呪術的世界と心性』（ミネルヴァ書房）、児童書『学校の怪談』シリーズ（講談社）、監修に『みたい！しりたい！しらべたい！　日本の妖怪大図鑑（全3巻）』『みたい！しりたい！しらべたい！　日本の妖怪すがた図鑑（全3巻）』（ミネルヴァ書房）など多数。

■絵

中谷　靖彦（なかや　やすひこ）

1968年富山県生まれ。桑沢デザイン研究所卒業。オランダにてイラストを学び、帰国後にイラストレーターとして創作活動を始める。第25回講談社絵本新人賞受賞。2004年に受賞作『ミーちゃんですョ！』（講談社）を刊行。絵を担当した作品に『おさるのパティシエ』（小学館）、『おばけぼうやのみずじごくうたうためぐり』（くもん出版）、『わたしたち　うんこ友だち？』（今人舎）、『みたい！しりたい！しらべたい！　日本の神さま絵図鑑②みぢかにいる神さま』（ミネルヴァ書房）など多数。

この本の情報は、2015年8月までに調べたものです。今後変更になる可能性がありますので、ご了承ください。

編集・デザイン	こどもくらぶ（長野絵莉・尾崎朗子）
文（8〜29ページ）	村上奈美
Ｄ　Ｔ　Ｐ	株式会社エヌ・アンド・エス企画

■参考図書

『現代民話考　第一期　Ⅲ偽汽車・船・自動車の笑いと怪談』
著／松谷みよ子　立風書房　1985年

『現代民話考　第一期　Ⅴあの世へ行った話・死の話・生まれかわり』著／松谷みよ子　立風書房　1986年

『現代民話考　第二期　Ⅲラジオ・テレビ局の笑いと怪談』
著／松谷みよ子　立風書房　1987年

『メキシコから来たペット－アメリカの「都市伝説」コレクション』著／ジャン・ハロルド・ブルンヴァン
新宿書房　1991年

『悪魔のほくろ－ヨーロッパの現代伝説』
編／ロルフ・ヴィルヘルム・ブレードニヒ　白水社　1992年

『学校の怪談－口承文芸の展開と諸相』著／常光徹
ミネルヴァ書房　1993年

『ピアスの白い糸－日本の現代伝説』編著／池田香代子ほか
白水社　1994年

『魔女の伝言板－日本の現代伝説』編著／近藤雅樹ほか
白水社　1995年

『走るお婆さん－日本の現代伝説』編著／池田香代子ほか
白水社　1996年

『現代民話考　12 写真の怪・文明開化』著／松谷みよ子
立風書房　1996年

『赤ちゃん列車が行く－最新モードの都市伝説』
著／ジャン・ハロルド・ブルンヴァン　新宿書房　1997年

『江戸の妖怪革命』著／香川雅信　河出書房新社　2005年

『軽装版　学校の怪談大事典』
編／日本民話の会学校の怪談編集委員会　ポプラ社　2009年

■写真協力

© vitaliy_melnik、© beeboys、© nyankoronosuke
- Fotolia.com

みたい！しりたい！しらべたい！
日本の都市伝説絵図鑑 ②まちなかの都市伝説

2015年10月30日　初版第1刷発行　　　　〈検印省略〉

定価はカバーに表示しています

監 修 者	常 光	徹
絵	中 谷	靖 彦
発 行 者	杉 田	啓 三
印 刷 者	金 子	眞 吾

発行所　株式会社 ミネルヴァ書房
607-8494 京都市山科区日ノ岡堤谷町1
電話 075-581-5191／振替 01020-0-8076

©常光徹・中谷靖彦・こどもくらぶ, 2015　印刷・製本 凸版印刷株式会社

ISBN978-4-623-07473-0

NDC388／32P／27cm

Printed in Japan

みたい！しりたい！しらべたい！
日本の都市伝説絵図鑑

全3巻

監修 常光 徹　絵 中谷 靖彦
27cm　32ページ　NDC388
オールカラー

- ❶ 現代の妖怪と都市伝説
- ❷ まちなかの都市伝説
- ❸ 乗りものと都市伝説

「妖怪」「神さま」
「地獄・極楽」「祭り」
シリーズも
おもしろいよ！

みたい！しりたい！しらべたい！ 日本の妖怪大図鑑
①家の妖怪
②山の妖怪
③海の妖怪

みたい！しりたい！しらべたい！ 日本の妖怪すがた図鑑
①女のすがたをした妖怪
②男のすがたをした妖怪
③動物のすがたをした妖怪

みたい！しりたい！しらべたい！ 日本の神さま絵図鑑
①願いをかなえる神さま
②みぢかにいる神さま
③くらしを守る神さま

みたい！しりたい！しらべたい！ 日本の地獄・極楽なんでも図鑑
①死んだらどこにいくの？
②地獄ってどんなところ？
③極楽ってどんなところ？

みたい！しりたい！しらべたい！ 日本の祭り大図鑑
①病やわざわいをはらう祭り
②先祖とともにすごす祭り
③豊作・豊漁を願い感謝する祭り
④世のなかの平安を祈る祭り

夢

とちがう

心臓

じゃないかよ

写真

三

面鏡

遊ぼうよ

白

い手

公園の

ボイス
レコーダー

男の子

もどって
こい！

足もとで声がする

車

ささやき

コピー機

電話